ENTRE LÁGRIMAS

ExLibric

JESSICA VEGA RIVERA

ENTRE LÁGRIMAS

EXLIBRIC

ANTEQUERA 2025

ENTRE LÁGRIMAS
© Jessica Vega Rivera
Diseño de portada: Dpto. de Diseño Gráfico Exlibric

Iª edición

© ExLibric, 2025.

Editado por: ExLibric
c/ Cueva de Viera, 2, Local 3
Centro Negocios CADI
29200 Antequera (Málaga)
Teléfono: 952 70 60 04
Fax: 952 84 55 03
Correo electrónico: exlibric@exlibric.com
Internet: www.exlibric.com

ISBN: 979-13-87707-50-7
Depósito Legal: MA 697-2025

Impresión: PODiPrint
Impreso en Andalucía – España

Nota de la editorial: ExLibric pertenece a Innovación y Cualificación S. L.

JESSICA VEGA RIVERA

ENTRE LÁGRIMAS

Dedicatoria

A la persona que me dio la fuerza para seguir hacia delante, luchando como nunca: mi hija María.

A mi tía Moni, que es la persona más importante, que nunca me dejó sola a pesar de todo y supo ver en mí lo que nunca vi yo. Me lo enseñó con amor, dedicación y mucha paciencia. He de decir que nunca se lo puse fácil.

A mi abuelo José, que en vida fue una persona maravillosa, que solía hacerte reír con una simple mirada y que con sus caricias te tranquilizaba. Desde aquí le mando un beso al cielo, porque fue y siempre será especial.

A mis educadores Diego, Isa, Ruth, Jordi, Estefanía y Lidia, que gracias a ellos soy quien soy a día de hoy, por su paciencia y su cariño a lo largo del tiempo y por nunca rendirse conmigo.

A mis hermanos Indalecio y David, por acompañarme en todas mis etapas, junto a mi tío José.

A María, Basi, Nuria y Samuel, porque son una parte importante de mi vida. Por enseñarme a valorar las cosas de la vida, por enseñarme que las cosas se ganan, se luchan y luego se disfrutan.

A la Tita Lucy (Prada), porque siempre tuvimos esa conexión tan especial que hizo que se convirtiera para mí en algo irreemplazable: en mi hermana, mi amiga y tesorera para el resto de mi vida. Y a Miriam, por nunca dejarme sola en mi momento más vulnerable, por estar para mí y mi princesa.

Y, por último, pero no menos importantes —sino de los más especiales en estos momentos—, a mi tía Espe y mi tío Julián, por quererme y apoyarme incondicionalmente, por nuestras tardes de charlas. Darles las gracias a ellos porque son quienes han hecho posible que cumpla mi sueño, por darme las alas que me faltaban para poder volar.

Este sueño cumplido también es vuestro.

Índice

Volver a ser

Pensé, pensé en volver,
volví soñando,
mirando en cada esquina
tu ausencia.

Sentí, sentí miedo,
miedo de mí, de ti,
de eso, de lo nuestro,
de ello, de aquello, de todo.

Y sí, me paré y pensé,
pensé para qué, para quién,
por qué, para cuándo,

y retrocedí y pedí,
pedí ser, o mejor dicho,
volver a ser,

empezar a querer, a temer,
a tener, a entender, a retroceder.

Pero no, ya era tarde,
tarde para todo,

para eso,
para aquello,
para nosotros.

AÑORANZAS EN SILENCIO

Tristes, tristes mis ojos por no tenerte,
pero más tristes los tuyos,
porque de verdad me amas.

Finges no darme importancia,
pero de mis redes te has deshecho
por no dañarte más el pecho.

No por eso dejarás de amar,
sino una duda más grande sembrarás.

Añoras mis caricias,
al igual que mis besos,
pero más echas de menos
mi ausencia en tu pecho.

Nos fundimos, nos fundimos
una noche de febrero
y juramos no sentirnos.

El silencio de las miradas

Te miré, me miraste,
nos miramos y nos fundimos
con una simple mirada,
sin decir ni una sola palabra.

Sentí que te extrañaba,
deseaba poder decirte mil palabras,
pero solo nos salieron algunas cordialidades.

Nos marchamos con necesidad de hablar,
con necesidad de abrazar,
pero ninguna de ellas llegamos a formar.

Pensamientos confusos e irreales
comencé a crear,
pero ninguno de ellos
se acercaba a la realidad.

TEJIDOS DE ENGAÑO

Me metía mil mentiras
que yo sola me creía,
creía y, aun así, las decía.

Las distribuía solo por cómo me sentía.
¿Me ayudaría o me dañaría?
Y, aun así, insistía, insistía.

Mataría, mataría
por una caricia,
por una sonrisa,
por una palabrita
con esas miraditas
que solo él me sabía.

Puñales al azar

Saciar, saciar creía que quería,
pero realmente tan solo quería sanar,
sanar aquel daño que un día,
al azar, con un puñal,
sin mirar por detrás,
sin esperar a girar,
se animaron a clavar.

Ni chillar me dio tiempo
antes de desplomar.
Una lágrima pude derramar.

ALMA DAÑADA

Nunca, nunca será amada
su pequeña alma humana.
Con sus traspiés y sus miradas
ella esperaba impacientada.

Ya no se podía quedar sentada
ni tampoco callada.
Añoraba ser amada,
ella adoraba ser esperada.

Pero, en cambio, se sentía dañada,
engañada, lastimada,
sin saber escapar de sus entrañas.

Gritaba sin ser escuchada,
y eso la mataba, la mataba
sin poder ser rescatada,
y eso ella lo odiaba, se odiaba.

Lágrimas que regresan

Noto, noto cómo recorren por mis mejillas
aquellas lágrimas que un día escondía,
aquellas que ya me lastimaron una vez
y, de nuevo, se dejan ver,
aquellas que me rompieron
sin encontrar solución.

Me miré y no me encontré,
y no me dejé, no me dejé de buscar,
por mucho dolor que pudiera experimentar,
por mucho mal que me pudiera dañar.

Lágrimas de confusión

Aspiraba, aspiraba mientras respiraba,
y no me encontraba,
no me dejaba ver,
y eso me dañaba.

Y lloraba, lloraba
de tal manera que me odiaba,
me odiaba por no entenderla,
no entenderme,
no encontrarme.

LIMONES Y SEÑALES

Despojo, despojo escribí,
pero no supe sentir,
esperando recibir
aquella inspiración
que siempre recé por exprimir.

Exprimir limones,
pensando, observando,
sin resultado.

Me irrumpió, irrumpió tu voz
en el salón donde todo comenzó,
y me empelló por un ordenador.

Ordenador materialista eras,
y yo sin entenderlas,
entender cada una de tus señales,
aquellas que tú me dabas
tras aquellas madrugadas en la sala.

LÁGRIMAS EN EL PAPEL

Miedo, miedo en sus ojos vi,
pero más miedo pude sentir
leyendo cada una de sus palabras
que explicaba en cada carta enviada,
carta llorada, carta recordada,
recordada aquella vez maltratada,
insultada, olvidada.

Me llegué a sentir,
pero aquello nunca lo pude impedir.
Culpable me creía,
hasta que llegué a entender
que yo no debía haber estado allí.

RESCATANDO EL RESPETO

Sudamos recuerdos,
recuerdos que tememos olvidarlos,
pero más tememos olvidarnos.

Y con el puño en la mano,
lo olvido y te confirmo,
te confirmo mi estado,
mi desmayo, mi engaño.

Por haber confiado
a estas alturas agradezco
haberte olvidado,
sobre todo, por haberme infravalorado
y no respetado como es necesario.

OLVIDOS NECESARIOS

Me falló, me fallé, nos fallamos
y nos follamos,
pero mucho más nos faltamos
y lo olvidamos,
lo olvidamos para no dañarnos.

DESEAR SIN DAÑAR

La miraba, la miraba
mientras ella soñaba y deseaba,
deseaba poder entrar
en su pequeño mundo
que la rodeaba.

Me hablaba sin abrir
los ojos chiquitos
que ella tenía,
y me rompía
cómo podía amarla
sin dañarla.

CAMINOS DE RUINAS

Me miró, me miró a los ojos
y me mintió
y, sin darme cuenta, yo le creí.

Creí de tal manera
que me destruí sin saber
arreglar lo que rompí.

Seguí, seguí
sin mirar atrás,
sin dejar de sentir.

SUSURROS PELIGROSOS

Tóxica, tóxica era
cada una de tus palabras,
y yo, ciega por ese amor
que nunca tuve,
me limité, me eché
una venda a los ojos y seguí.

Seguí tu voz
por aquel barranco
que tanto temía,
pero tu voz
me inspiraba.

LAMENTOS DEL CORAZÓN

Besos, besos te pedí
en muchas ocasiones,
a las cuales luego
me arrepentí,

arrepentí y lamenté
por pedir algo
que no se debe rogar
ni insistir.

EL BOSQUE DEL DESENGAÑO

Me enamoré, me enamoré
de un ser aparentemente
diferente e inusual,
pero me engañé, me engañé
de tal manera que nunca me pude
volver a sostener.

Sin volver a recuperar mi esencia
y sin mirar atrás, escapé, escapé
de aquel bosque oscuro y frío
del que huía sin parar,
sin parar de correr,
sin detenerme ni un instante,
por miedo a no volver a encontrarme.

AMARRADA A LA NADA

Y creé, creé una historia de la nada,
a la cual me amarraba,
me amarraba de tal manera
para nunca olvidarla.

Y sin darme cuenta,
yo fui la olvidada.

Entre mentiras y esperanzas

Y por fin él dio el paso
que tanto temía que diera.
Sí, me sentí tan destruida,
o incluso más de lo que había podido imaginar
todas aquellas innumerables veces
que me lo imaginé.

Sé que todos me dirán que es lo mejor,
pero nadie sabrá el dolor que me causó
saber que esa persona en la que había confiado,
querido y apoyado durante tanto tiempo,
ya no estará a mi lado como antes,
o como yo quisiera que estuviese.

Porque sé que todo tiene un principio
y también un final,
pero nunca pensé
que este sería nuestro final.

Porque cuando por fin pensaba
que lo podía solucionar,

que todo cambiaría con interés,
todo se echó a perder,
todo eran mentiras,
mentiras mías hacia mí.

Me engañaba pensando que todo estaba genial,
pero era mi alma con necesidad de ser querida,
de poder encontrar a alguien
con quien compartir los retos de una vida,
nuestra vida.

Pero eso solo me hacía más daño,
sabiendo que aquel amor tan fuerte que teníamos
ya se esfumó intentando ocultarlo
con sonrisas, caricias y muchos gestos sinceros.

Porque, a pesar de saber la cruel realidad
que estaba viviendo,
sabía que era pura fantasía de mi niña interior,
porque siempre soñaba con ser querida
en algún momento.

Y sí, tengo miedo de no saber
cómo afrontar todo esto que siento.

Atrapada en el invierno

Sentir, sentí que te volví a pedir,
pero ya era tarde para infringir,
infringir aquel pacto que hicimos
aquella madrugada helada.

Heladas eran
cada una de tus palabras,
de tus miradas,
pero más helados tus actos,
tus manos.

Sentí que te perdí
y así me volví, me volví helada
para no dejarme sentir.

Súplicas silenciosas

Necesito un abrazo tuyo,
pero tú ya no estás.
Me gustaría escuchar
tus historias interminables,
pero ya no me las quieres contar.

Y si muchas veces me impacienté
por oírte terminar,
eso es porque nunca imaginé
no tener el privilegio
de poder escucharlas.

Echo tanto de menos
que mis ojos suelten lágrimas
por pensar en ti haciendo
cosas que ya había normalizado.

Nunca pensé en un día
en el que no estarías a mi lado,
diciéndome cómo hacer algo,
sin darme tu opinión y apoyo.

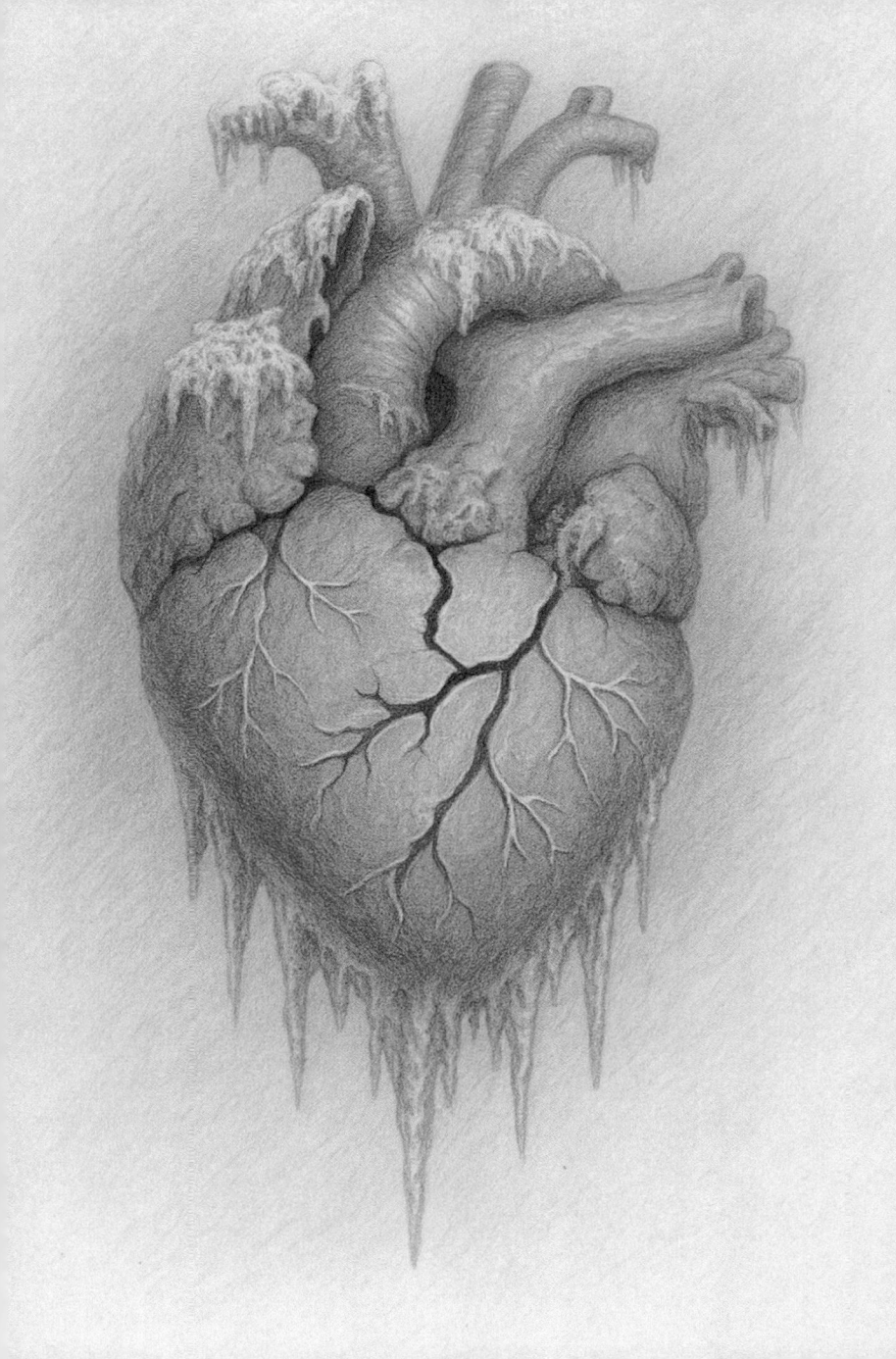

Daba por hecho que siempre estarías,
y ahora siento que te pierdo,
te pierdo cada vez más rápido
y sin poder evitarlo,
con las manos atadas.

Mientras te grito con el alma
que te quedes,
te suplico con los ojos
que no acabes con este amor
que un día empezó sin pensarlo ni quererlo.

No te vayas aún, porque te necesito.

EL ALMA QUE LLORA

Él solo quería aparentar ser un chico malo,
y sí, digo aparentar porque yo sé quién es.
Él es el chico sensible, inseguro y cariñoso
que tiene miedo al abandono,
que llora cuando le duele el alma
y el alma llora cuando está solo.

Lo quería encajar con el resto de la sociedad.

Maldita ignorancia

Y lloré, lloré en varias ocasiones
pensando que me amabas,
pero todo eran pensamientos confusos, irreales.

Idealizaba cada una de tus palabras,
al igual que cada una de tus miradas.
Te llegué a idealizar en tantas ocasiones
que nunca supe qué te hacía tan especial
o, simplemente, si era real.

Nunca pensé en lo que sería no tenerte,
porque nunca pensé en perderte
tras aquellos besos dulces que tú me dabas.
Te esfumabas, lo notaba
y, aun así, decidí ignorarlas,
malditas ignorancias,
maldita ignorancia,
malditos besos de aquel
trágicamente maldita de mí,
maldita mi ignorancia.

Susurros bajo estrellas

Mirando al cielo, solo veía estrellas,
estrellas a las cuales les pedía olvidarte,
no caer en la misma historia de dos mil diez,
no volver a repetir los errores de aquella vez.

No ilusionarme al ver esa sonrisa
y esos pelos despeinados,
e intentar que mi corazón no se alterase
al sentir tus latidos tan cerca de mi piel.

E intentar que mi piel no se erizase
al sentir tus suaves caricias sobre la mía.

CARICIAS CONTRARRELOJ

Pensando, pensando me quedé
durante unos instantes
en todas tus caricias
que me llegaste a dar aquella vez,
aquella primera vez.

Sin poder evitar sentir
aquella pequeña alteración
en mi sistema nervioso,
porque así estaba al mirar tus ojos
tan de cerca, tan perfectos.

Rozar tus labios asimétricos
me ponía nerviosa,
pero me sentía adicta a tus besos,
a nuestros besos.

Sentirte tan cerca
y sentir la sensación
de que no iba a durar.
Mi cabeza no podía parar de pensar,
de dar vueltas y sin parar de imaginar.

Solo quería poder parar aquel reloj
que nos decía
que nos teníamos que marchar.

LATIDOS Y SUSURROS

Tumbados boca arriba,
observados por las estrellas,
apoyada en su pecho,
sintiendo todos y cada uno de sus latidos.

Sintiendo sus manos recorriendo
todos los rincones de mi cuerpo,
dándole calor a cada zona que rozaba
suavemente con las yemas de sus dedos.

Le miraba los labios,
me mordía los míos,
deseaba no dejar jamás
de besar esa boca tan imperfecta.

JUGANDO CON EL CORAZÓN

Lo besé y rompí a llorar,
mis experiencias me decían
que no iba a durar,
que solo me quería usar.

Y, aun así, yo no dejé de jugar
y ahora solo me queda esperar,
mientras rezo para que me vuelva a hablar
y darme cuenta de que estaba equivocada.

Que él no me quería dañar
como los demás,
que él no solo quería jugar.

ALMAS QUE GRITAN

El silencio nos rodea,
personas que callan
lo que sus almas quieren chillar.

Silencios incómodos,
miradas astutas intentando escapar,
sonrisas placenteras intentando disimular.

Miedos que ocultar,
palabras que chillar,
pero ninguna se ha llegado a escuchar jamás.

MÁS ALLÁ DE LAS PALABRAS

Se pueden fingir mil palabras,
pero jamás se podrá fingir una mirada.

Una mirada con la cual no hace falta hablar,
ni una palabra pronunciar,
para expresar todo aquello
que solemos callar.

Callar aquellas palabras
con las que tememos dañar,
aquellas que dan miedo pronunciar
por no saber qué te van a contestar.

Reflejos de la inocencia

Hace tiempo que no sonrío como ayer,
un ayer de hace diez años,
cuando miraba por la ventana
y veía al resto de niños jugar,
como cuando no importaba llorar
porque siempre iba a haber alguien
para poderte ayudar.

Hace diez años no tuvimos
el valor de pararnos a mirar
todo aquello que nos rodeaba,
todo aquello que en un chasquido
podíamos perder, olvidar, añorar,
sin saber volver atrás,
sin saber cómo recuperar
el tiempo perdido de hace diez años.

INVISIBLE AL ESPEJO

Creí, creí haber encontrado
algo que siempre quise,
pero ¿cómo iba a encontrar
algo que nunca conocí?

Quise ser única
e irreemplazable,
pero siempre fui invisible.
Quise ser el tesoro más preciado,
pero ¿cómo sería dicho tesoro
si nunca fui algo de valor
que alguien quisiera guardar
con tanto amor, con tanta motivación?

INSTANTES PERDIDOS

Nos besamos,
nos abrazamos,
nos miramos a los ojos
para luego apartarnos,
olvidarnos sin recordarnos.

Las horas pasaban,
pero cada vez más rápido
se esfumaban.
Ya estabas lejos,
ya no te podía tocar,
no era capaz de abrazarte,
te perdiste en un instante.

Adiós en silencio

Siento que me cuesta respirar,
siento que te perdí,
que no voy a conseguir que vuelvas.

Ya tus ojos me han dejado de buscar
y ese miedo interno me persigue,
me ahoga sin dejarme respirar.

Pensándote, me rompo a llorar,
ya no estás y no te puedo arropar,
tus manitas ya no me pueden tocar
y eso ya no lo puedo evitar.

Te perdí por no saberte cuidar,
por no pensar en lo que te podía dañar,
por no saber cómo actuar.

Te perdí, miré atrás y ya no estabas.
Te intenté buscar,
pero tú ya no querías regresar.

Hoy lamento dejarte escapar.

ECOS DE UN ABUELO

Con el corazón en la mano
y los ojos enlagrimados,
me has obligado a soltarte de la mano.
Te fuiste, y tenía mucho que decirte,
pero mucho más que vivir a tu lado.

El tiempo se esfumó,
y ahora de recuerdos he de vivir,
porque no tengo más momentos
para poder compartir.

¿Cuándo dejaré de sentir
este dolor que, con tu marcha,
parece que se ha quedado en mí
y ya no se quiere ir?

Vinieron miedos
que ya no tienen adónde ir;
se quedaron en mí.

La huella de tu ausencia

Me muero sin un beso,
un beso de esos dulces
que tú me dabas,
esos que solías lanzar
para que yo jugara a atraparlos,
echo de menos tus caricias,
las que me dabas al irme a descansar,
esas historias interminables
que solías contar.

Aún me pregunto
por qué te tuviste que marchar,
por qué tu silueta se desvaneció,
y he intentado encontrarla,
allá donde voy, al pasar.
Pero no es posible volverte a observar,
solo quedan el vacío y ese beso
que nunca más volverás a lanzar.

El vagón de las dudas

Me subí a un tren, sin razón,
sin saber adónde me iba a llevar.
Me senté en la ventana,
mientras veía los paisajes pasar.
A mi mente solo venía una cosa
y no lo podía evitar:
¿Qué haré ahora que él ya no está?

¿Adónde iré a hablar
cuando solo necesite un abrazo?
¿Qué será de mí en este trayecto
sin rumbo claro?
¿Dónde me llevará este tren
con destino desconocido?
Sin su presencia,
me siento perdida,
sin abrigo.

SOMBRAS DE AYER

Recuerdo, recuerdo
es lo que nos queda,
lo que me queda,
un simple recuerdo de tu mirada,
de tus caricias.

Intento olvidar todas aquellas veces
que me decías que me querías,
aquellas veces que temía,
aquellas que ya no entendía el porqué.

El porqué de nuestros besos,
el porqué de nuestras lagunas,
se nos olvidó el porqué
y, con eso,
nos olvidamos de nosotros.

ELLA Y EL MAR

La miraba, me miraba, nos mirábamos,
pero ni caso nos hacíamos.
Ella jugaba, yo observaba,
pero ni una sola palabra soltábamos.
Intentaba imaginar qué pasaba por su mente
en aquel momento,
pero ella, tan espontánea,
era imposible de descifrarlo.

Juntaba las manos y miraba hacia el mar,
prosiguió a gritar: «¡Mira el mar!
¡Mira esas olas que suben y bajan a la par,
esas conchas que a su pasar dejan!».

El camino de las lágrimas

Veía el cristal,
cómo se llenaban de gotas de la lluvia,
al igual que mis ojos se inundaban de lágrimas.

Miraba hacia arriba
para evitar derramar alguna;
era una misión imposible,
pues notaba cómo recorrían mis mejillas.

Intentaba que ninguno las viese,
pero mis mejillas ya se marcaban,
un camino húmedo distintivo
por dichas lágrimas,
que callaron sin poder haberlo evitado.

PRIMERIZA EN AMAR

Perdón, perdón por mis traspiés,
por mi forma de expresar.
Perdón por no saberte enseñar,
por quererte tanto, pero mal.

Perdón por no saber querer,
pero nunca nadie estuvo
para enseñarme a amar.
Sobre la marcha me tuve que enseñar,
no supe afrontar tanto cambio ni tanto mal
que sabía que me iba a rodear.

Perdón por no saber reaccionar,
pero ya estoy cansada de no poderte ayudar.